AF235747

Philip Bartetzko

Drinnen

die Gedanken

Gedichte

© 2020 Bartetzko, Philip

Herstellung und Verlag: BoD – Books on Demand, Norderstedt

ISBN: 9783752625028

Coverdesign: Nico Wittgens

Inhalt

Prolog

Als Kind wollte ich immer Fußballspieler werden und habe seit meiner Jugend Tag und Nacht davon geträumt. Das Eigenartige daran war, dass es zwar einige meiner Freunde wussten, ich mich jedoch niemals ganz, hinsichtlich meiner Emotionen zu diesem Thema, öffnen konnte. Es war mir so wichtig, dass ich all diese Gefühle für mich behalten, und die Mentalität entwickelt hatte, dass ich es allen beweisen würde, wenn ich es ganz alleine zum Profi schaffte. Jedoch ist klar, dass man immer, egal was man tut, Unterstützung braucht, und dass ich zu zweit mehr erreichen kann als alleine. Und vor allem muss man die Dinge, die man auf dem Herzen hat, aussprechen und man sollte sich als Mensch bewusst öffnen können.

Als ich älter wurde, ist mir die Relevanz dieser Erkenntnis schlagartig bewusst geworden. Mit Anfang zwanzig, als ich zum ersten Mal mit neuen, und auch unangenehmeren Themen des Lebens konfrontiert wurde, war dieses Bedürfnis, mich zu äußern, in mir sehr stark und genau ab diesem Punkt habe ich das Schreiben für mich entdeckt.

Ich bewegte mich weiter durchs Leben, nur ab da brachte ich meine Gedanken auch zu Papier. Am Anfang waren es jedoch nicht unbedingt Gedichte. Ich schrieb einfache Gedankengänge auf, entdeckte da aber schon eine Liebe fürs Reimen und erkannte, dass im Schreiben enorm viel Phantasie und Freiheit steckt. Für mich gab es keine Grenzen, über jegliche Themen des Lebens konnte ich so schriftlich reflektieren. Dies gab mir immer eine innere Zufriedenheit und Sicherheit.

Des Weiteren probierte ich mich an Kurzgeschichten und sogar an Raptexten aus.

Das Ganze tat ich jedoch nicht regelmäßig, sondern immer mal wieder, mal morgens, mal abends, wie es gerade kam. Und einmal mehr, habe ich niemandem etwas von meinem neuen Hobby erzählt. Ich behielt es ebenfalls für mich, als eine Art kleines persönliches Geheimnis. Ungefähr zur selben Zeit, begann ich auch wieder mit dem Klavierunterricht, nachdem ich eine lange Zeit nur für mich, ohne wirklich zu üben, gespielt hatte. Fußball spielte ich jedoch auch noch nach wie vor, auf einem hohen Niveau, mit großer Ambition. Rückblickend ist mir jetzt klar, dass man sich, wenn man in einer Sache wirklich aufgehen will, auch nur auf eine Passion konzentrieren sollte. Natürlich nur, wenn man eben höhere Ziele verfolgt. Hat man erst mal eine gewisse Position erreicht, ist man auf einer anderen Ebene wieder zu mehreren Kombinationen in der Lage.

Wie dem auch sei, ich musste eine Entscheidung treffen. Da ich zu dieser Zeit einen sehr starken Drang zur Kunst empfand, entschied ich mich, unter anderem auch nach einem langen Gespräch mit einem guten Freund, meine künstlerischen Aktivitäten weiter voranzutreiben und den Fußball nur noch als Spaß und persönlichen Gewinn zu sehen. Somit spielte ich Klavier, schrieb, und sah hier viele Möglichkeiten und noch viel Zeit, um mich zu entfalten.

In den letzten Jahren habe ich das Schreiben intensiviert, und konzentrierte mich mehr und mehr auf Gedichte. Diese haben mich schon immer besonders angezogen und fasziniert. Ich machte einen Schritt nach vorn, und erzählte Freunden und Familie von meiner neuen Leidenschaft.

Ich begann bei einigen Gelegenheiten meine Gedichte vorzulesen und zu meiner Verwunderung kamen sie auch gut an. Für mich war es eine Überwindung, da ich nicht nur über die Schönheit des Lebens und über all die positiven Ereignisse schrieb, sondern auch über schwierige und kritische Themen. Ich glaube, dass dies sehr wichtig ist und für mich hat es ebenfalls eine Bedeutung, wenn in meinen Gedichten auch hin und wieder eine ernste Botschaft steckt. So sehe ich die Kunst nicht nur als Zuflucht in eine neue Welt, in die man abtauchen kann und sich von allem anderen loslöst, sondern auch als Quelle für Lebenserfahrung und Weisheit.

11

Durch den positiven Zuspruch hinsichtlich meiner Texte, in Verbindung mit dem Wunsch, etwas daraus zu machen, habe ich mich nun entschlossen, diesen Gedichtband zu schreiben. Ich hoffe, dass du beim Lesen dieses Buches viel Freude und Spaß hast, und vielleicht sogar etwas für dich ganz persönlich mitnehmen kannst.

Schreiben

Zeit zu Schreiben

Bei aktuellem Weltgeschehn',
Und weil sichs immer schneller dreht –
Nicht immer leicht, sich Zeit für eigne Gedanken zu nehm',
So dass jeder selbst sein Sein versteht.

Es ist ein großes Privileg, zu schreiben –
In Krisengebieten, dort, wo Menschen leiden,
Wer steht da schon morgens auf – ganz sanft und leicht –
Und kann zum Füller greifen.

Schreiben: eröffnet neue Welten.
In ungewissen Zeiten, wo selbst sich jeder sucht,
Kann man so vielleicht dem andren helfen.
Da ist es schön, mit mutigem Versuch,
Zu entdecken, was in der Kunst doch alles ruht.

Aufbruch

Jetzt ist es noch hell,
Ich pack den Rucksack, geh auf Reise.
Entdeck 'ne neue Welt –
Denn es bewegt sich etwas, wenn ich schreibe.

Gesellschaft

Die Herausforderung

Was ist nun zu tun, was macht Sinn?
Welche Taktik, um am Ende das Spiel zu gewinn'.
Welche Wege gibts und werden sie mehr?
Vieles zieht runter, doch zugleich –
Packt Drang nach Leben sehr.
Die vielen Bilder, die du siehst,
Das verwirrt und schmerzt –
Neuer Anfang, neue Bewegungen: sinds vielleicht wert.

Doch wen interessiert überhaupt irgendwas?
Jeder hält nur seinen eigenen Schirm,
„Hauptsache, ich werde nicht nass!"
Bei wem zeigt es Wirkung, was du erzählst,
Wer hört hin und – wer hört auch zu.
Wer nimmt es wahr und ist bereit, bei wem ists zu spät,
Bei wem nur gut gemeint.

Wie wichtig ist dir das Glück des anderen?
In Zeiten, wo jeder Darsteller ist,
Und sich schnell über Lob und Anerkennung freut,
Doch als Mensch – im Innern sträubt.
Baut sich da – still und heimlich – eine Gesellschaft auf,
Die kämpft und reflektiert.

Die natürlich ist und gemeinsam sich freut,
Wo Mensch genießt Pflanze und Pferd genießt Heu.
Wo Leben ist friedlich
Mit funkelnder Hoffnung in der Nacht –
Weicht die Wirklichkeit, davon schon so lange ab –
Hab diese Bilder, wohl nur geträumt.

Der Blickwinkel

Wir untersuchen das Gestein von fernen Planeten,
Große Entdeckungen, so weit weg und jetzt hier.
Heute kümmer ich mich nur um meinen Nächsten,
Hab keine Angst, den Wettbewerb zu verlieren.

Die Bildung

Die Bildung war sehr gut, besser hier als weit und breit.
Ein großes Glück, dass Du jetzt so viel weißt.
Doch macht es Dich auch – zu eigenem Handeln bereit?

Wissen ist wertvoll, Wissen ein Schatz.
Ihn hats bei den ersten englischen Wörtern gepackt –
Sie liest die Lektüren noch weithin in der Nacht.

In ihm wird nichts gesehen,
Weil er sehr mit sich kämpft.
Sie wird dagegen gern gesehen,
Und der Abschluss ihr geschenkt.

Und obwohl bei der Arbeit,
Dem Ganzen keine Aufmerksamkeit geschenkt,
Wär es schön, zu erfahren,
Was in Dir drin ist und was Du denkst.

Du willst was bewirken –
Muss dafür erst in Dir was wirken?
Wissen kann Dir viel geben, vor allem –
In Kombination mit Mut im Leben

Differenzieren und Zusammenwirken immer gut –
Mit solider Basis baut man viel auf.
Das Vertrauen schenkt neuen Mut,
Hast 'ne Erkenntnis, lass sie ganz laut raus.

Inspiration

Ein enormes Gut –
Wenn man dem Nächsten etwas Gutes tut.
Es war Dein Einfluss, alles hast Du initiiert.
Mich fasziniert ein Stück, geh nun selbst ans Klavier.
Lese gebannt ein Buch, schreibe nun auch was aufs Papier.
Bin jetzt selbst soweit, denn Du – hast mich inspiriert.

Alltagsleben

Blicken oft so weit hinaus,
Großes Leben, hohe Ziele.
Auf was mein Glück gebaut,
Auf den Betrag, den ich verdiene.

Ein schönes Lied, ein warmes Gespräch,
Umarmungen im Alltag –
Überall Geschenke, überall versteckt.
Kann mich noch freuen,
Über den Tisch, liebevoll gedeckt.

Wenn ich niemand mehr was beweisen muss,
Liegt dies bei mir – bei der Welt?
Beginnt nach dem Lernen, auch Genuss
Und lebe ich dann so – wie's mir wirklich gefällt?

Sommerzeit

Sommerzeit, heiße Gefühle,
Sehr breit, keine Lüge.
Mancher Neid, auf weite Flüge, gerade weil,
Die großen Schübe, durchaus mit Stil,
Doch nur mit Münzen dabei –
Andere, keine Wärme spüren.

Mit Freude leben

Glücklich, wer die Welt,
Am nächsten Morgen kennt,
Und den Sonnenuntergang –
Kann genießen im Moment.

Wer in Liebe,
Das Haus verlässt,
Ist ein Mensch –
Und dem wird Freude geschenkt.

Natur und Erde

Der blaue Planet

Der blaue Planet,
Manchmal beängstigend, meist faszinierend,
Mit seinen weiten Ozeanen.

Ein Biotop, wirkt ineinander und steht,
Natürlich harmonierend,
Auf stets gleichen Bahnen.

Doch wieder und wieder,
Greifen wir ein,
Muss der letzte Sieger
Denn immer das Wachstum sein?

Das Ökosystem,
So klar und rein
Und auch der blaue Planet –
Doch wird er in Zukunft,
Noch zu erkennen sein?

Im Grünen

Sehe Grün, und Blumen in herrlicher Pracht.
Vögel singen fröhlich, völlig frei.
In welchen Momenten, habe ich all die Schönheit bedacht,
Sie nur erfasst – oder wahrhaft dabei.

Ein feiner Luftzug,
Sanft und angenehm, bin erquickt.
Jeglicher Unmut,
Im Moment erstickt.

Fühl mich verbunden,
Fühl mich als Mensch –
In Natur eingebunden.

In der Natur,
So lebhaft und pur.
Beweg mich leicht, beweg mich nur,
In richtiger Zeit, mit innerer Uhr.

Hier möcht ich für immer leben,
Viel kann das Grün mir geben.
Als Mensch – seh mich hier.
Mensch und Natur – sind wir.

Ein kleines Vöglein

Ein kleines Vöglein kam geflogen,
Ganz jung und sehr verspielt.
Wollt mit mir Singen, mit mir Toben
War angetan, dass ich die Hand raus hielt.

Es landete auf meinem Arm,
Augen funkelten und mir ward warm.
Jetzt kommt es mal zur Ruh, kein Wind, der weht,
Und merkt zum ersten Mal – das schnell sich alles dreht.

Doch ach, war es nur eine kurze Rast,
Fliegt jetzt hinaus, hat sich ein Herz gefasst.
Später geht die Reise noch so viel weiter,
Wird erwachsen und – erkundet den Planeten heiter.

Stille

In der Natur ist Stille,
Das ist wunderbar.
Einmal hält man Inne –
Und denkt – was das Leben doch für ein Wunder war.

Aus der Sicht eines Fisches

Es ist Samstagmorgen,
Die Sicht ist klar,
Fühle mich geborgen.

Heute schwimm wir zum Wrack,
Hab von dieser Exkursion,
Geträumt schon letzte Nacht.

Ein Schwarm zieht vorbei,
Bin fasziniert,
Und meine Freunde sind dabei.

Mach 'nen Witz,
Doch alle schwimmen ganz gebückt,
Stimmung gedrückt.

Was ist los, was war passiert,
Bekomme doch sonst alles mit,
Hab das Meerblatt abonniert.

Der Blauwal hat's erzählt,
Wir brauchen keine Angst mehr haben.
Alle Menschen seien nun vegan –
Doch sagen das die Orcas schon seit Jahren.

Die kleineren Delfine kommen vorbei,
Verbreiten die Nachricht in aller Eil.
„Hey, ihr kleinen Fische passt auf,
Der vegane Trend ist vorbei, die Menschen gehen raus,
Und beim Abendessen –
Packen sie wieder Fisch auf den Teller drauf."

„Was", rufen die kleinen Fische.
„Ja, das ist sogar die Spezialität im Haus,
Aber wir müssen nun weiter, ciao ciao".

Schwimmen weiter, das Wrack nicht mehr so weit.
Wir haben ein mulmiges Gefühl,
Nervosität macht sich nun breit.
„Hey", sagt einer, „komm wir kehren um,
Der Ausflug, muss doch jetzt nicht sein.
Schwimmen wir lieber nach Hause!"
Die anderen Fische willigen ein.

Bin guter Dinge,
Freu mich, die Familie wiederzusehen –
Am Abend gibts was zu erzählen.

Als ich es sah,
Meine Befürchtungen, sie wurden wahr.
Rasch nähert sich ein Boot.
Hab mich doch schon so gefreut –
Auf das gemeinsame Abendbrot.

Bilder schießen in den Kopf,
Leben zieht an mir vorbei.
Doch voller Adrenalin,
Beschließe ich –
Kämpfer zu sein.

Ich schaffs nach Hause,
Wir alle schaffen es –
„Das Netz! Da – pass auf, das Netz!"

Blicke mich um,
Meine Freunde haben es geschafft,
Sie schwimmen vorbei,
Ich bin es jetzt, ganz allein.

Mit Panik nehm ichs zur Kenntnis:
Bin gefangen,
Kein Entkommen.

Ein letzter Blick,
In die unendliche Weite des Meeres.
So wunderschön,
So ein Paradies –
Ach, wie schön konnte ich leben,
Habe es wirklich geliebt.

Keine Zeit nun,
Für weitere Gedanken,
Kein Lebewohl –
Es geht nach oben.
Seh den Himmel,
Machs gut sagt einer,
Mein Herz,
Vor Angst am Toben.

Zu zweit sein

In der Natur,
Stille,
Ganz alleine.

Nur Vögel singen,
Gedanken schwingen,
Auf eigne Weise.

Doch nun –
Vermiss das Leben,
Wunsch nach mehr,
Neue Regung im Herzen.

Bin alleine,
Wie ich treibe.
Keine Umarmung in Sicht,
Kein einladender Blick.
Hoffnungen –
Alles wird leise.

Hab wohl Frieden mit mir,
Doch das allein, kein Segen.
Viel gedacht,
Möcht auch was geben.
Doch vor allem: auch erleben!
Und zu zweit, entschweben.

Der Strand

Schöner weißer Strand,
Tauchen im klaren Wasser,
Lebewesen, froh und elegant.

Seele baumelt, kein Laster,
Feine Brise, Sonne brennt –
Ein Pflaster.

Zusammen das Steuer gelenkt,
Ach, Strandleben –
Was für ein Geschenk.

Schöne Natur

Wilde Tiere,
Hohe Berge,
Große Bäume.

Entdeck mit Liebe
Helle Sterne,
Denk – ich träume.

Ein großer Schatz,
Der uns umgibt,
Und nicht unendlich.

Habs nicht verpasst,
Bewundernd draufgeblickt –
Bald nicht mehr selbstverständlich.

Mensch

Innenleben

Innerliche Gedanken,
Frei und in Bewegung.
Danken,
Bei neuer Herzensregung.

Suche nach Leben,
Doch nicht konstant.
Das äußere Gewand,
Stets schick und elegant.

Doch Fassade,
Für sich selbst –
Für andere Illusion.

Trage
Doch selbst
Ein Herz – welches sich zu öffnen lohnt!

Habe dies
Endlich nun erkannt.
Jetzt sich liest –
Die neue Wahrheit, ganz gebannt.

In mir Fühlen

Mit Potenzial,
Innerlich groß und frei,
Leichte Wahl,
Sollte meinen
Erobere die Welt ganz leicht.

Jedoch nur, weil du viel weißt,
Erreichst das Ziel, gescheit,
Geschwind durchs erste Tal?

Der Mensch ist auch weich,
Mit Bedürfnissen stets dabei.
Erkennt sich wieder,
So oft, sehr seicht,
Und zerbrechlich –
Wie ein leicht gefrorener Teich.

Muss dies erkennen,
Und respektieren,
Auch schätzen,
Was in ihm drinnen passiert.

Doch darf nicht abschätzen,
Besser fühlen,
Wenn die Zeit,
Zum Handeln soweit –
Geh dann raus in Gewissheit,
Und im Herzen bereit.

Eine Entwicklung

Muss mich bilden,
Vor allen Dingen auch erleben!
Mein Ethos formen.

Mit Training in Gilden,
Doch friedlich leben,
Nach eigenen Normen.

Andere sehen,
Viel Kommunikation,
Wie in Rom relevant.

Gemeinsam gehen,
Ein schöner Lohn,
Hat mich gebannt.

Das Wissen

Wissen nicht genug, das allein nicht reicht.
Doch wenn als Lebewesen auch gereift,
Konstant mit Herz dabei,
Entfaltet sich das Potenzial –
Und das auch weit.

Neue Erfahrung

Jede neue Erfahrung hat Wert,
Jedes Mal wenn du hinfällst, schmerzt's.
Doch du musst aufstehen – hilft dir wer?
Aus Schmerz und Liebe – entsteht Herz.

Zwei Welten

Du öffnest leise die Tür,
Bewegst dich hinaus –
In eine laute Welt.

Musst dich anpassen,
Achtgeben,
Hektik im schnellen Takt,
Nicht gleich –
Wie es selbst gefällt.

Das Innenleben muss wohl
Viel akzeptieren,
Und schnell verstehen.
Während es selbst sich –
Schritt um Schritt,
Durch die Welt bewegt.

Jeder in einer Funktion,
Jeder denkt an eignen Lohn.
Denn jeder möcht gut leben, schön wohn,
Und bei jedem – die Relevanz sehr hoch.

Draußen, alle müssen erfüllen,
Drinnen kann man schreiben.
Mit Erkenntnis,
Über das, was man denkt,
Die Welt da draußen –
Und, was drin sollt bleiben.

Stetig wechselst hin und her,
Bewegst dich in zwei Welten.
Mal mit leichtem Gang, mal schwer,
Vor allem auch bewusst – mit großem Wert.

Soziales Leben

Das Gewissen

Das Gewissen,
Wenns rein ist, mit Ehrlichkeit,
Lebt man auf, hohe Wertigkeit –
Möchts nicht missen.

Ziele erreichen

Wer seine Ziele will erreichen,
Es jedoch nicht mit vollem Herz versucht.
Kann bloß über die Ziellinie schleichen,
Ohne Heldenglanz und Mut.

Derjenige, der es versucht, und sich auch nicht schont,
Opfer bringt, bis zum Schluss kämpft.
Wird vom Leben doch belohnt –
Und mit Aufmerksamkeit beschenkt.

Mit dem Fahrrad

Vorbei am Straßenverkehr der Wut,
Ökologisch unterwegs, sehr gut.
Sehe viele Menschen mit Mut, doch jeder sucht –
Verbindungen ohne Bluetooth.

Sommergetränk

Bei Sonnenschein kommt Freude auf,
Und es fließt viel Wein.
Es wird viel gelacht,
Probleme sind ganz klein.

Kommt der nächste Tag,
Und bleibt's dabei,
Sei dann froh –
Lebendig, Mensch zu sein.

Die Großstadt

Auf langen, weiten Passagen,
Marschiere ich stets weiter,
Ohne nur „Hallo" zu sagen.

Die Hoffnung wird kleiner,
Nicht mal eine kurze Konversation,
Meine innere Stimme wird leiser.

Die Großstadt, voller Emotion,
So viele Menschen – doch so wenig Lohn.

Muss – an die Heimat denken:
Alles war so klein,
Und doch so warm und ganz leicht –
Konnt ich mich beschenken.

Sich kennenlernen

Eins bleibt ewig gleich:
Erfahrung – macht reich.
Erfahrung, die zeigt
Neue Wege auf, geneigt
Zu sagen, lerne, ganz vereint.
Wahr und gut gemeint,
Auch bewusst im Sein,
Als Mensch mit Seele rein? –
Lehr dich selbst – mit Seele auch dabei!

Digitales Leben

Social Media

Sie stellt sich künstlich dar,
Follower in großer Schar.
Kritisch und doch sinnvoll, ja.

In digitalen Welten, nützliches Feedback selten.
Viele Punkte, ohne Zusammenhang verschmelzen,
Doch für viele, Argumente –
Der Karriere so behelfen.

Wie ernst nimmt sie das,
Die andere Seite im Netz,
Die Wut, den Hass.

Nimmt sie eben das,
Für Reichweite in Kauf,
Oder verliert sich selbst?
Der Plan geht nicht auf.

Zeitgemäß angewandt,
Eigenen Schriftzug auch erkannt,
Dann durchaus elegant.

Eigene freie Entscheidung,
Für jeden, mit Social Media-Neigung.
Kann was geben, manchen Weg auch ebnen.
Doch möcht – dafür auch viel nehmen.

So, für jeden anderer Segen.
Doch letztlich nur Ablenkung –
Vom wahren Leben.

Einsamkeit

Keiner kanns dir nehmen, diesen Moment,
Findest dich wieder allein,
Trotz Kontakten, digital omnipräsent,
Ohne menschliches Sein.

So, nur minimal beschenkt,
Während jetzt ans Leben denkst
Erkennst, wie Leben lenkt.
Ein Freund kann helfen,
Der da ist – und echte Gesellschaft schenkt!

Liebe im Internet

Jeder sucht, auf der Straße und im Netz,
Nach Kontakten und Romanzen,
Familienzeit, ohne Handy, sehr geschätzt.
Geh nun alleine tanzen, frag mich, ob ich lande –
Und wenn ja, in welchem Bett.

Virtuelle Realität

Was ein harter Tag,
Endlich zu Hause.
Bereit für den Start –
Diesmal ohne Pause.

Möchte ab jetzt von der Welt
Nichts mehr wissen.
Spiele so, wie's mir gefällt,
Muss doch hier nichts missen.

Das Joypad fest in der Hand,
Das Leben nicht im Griff.
Doch nicht so relevant,
Spiel mein eigenes Riff.

Alles hier unendlich,
Tauche nach Atlantis, fliege zum Mars.
Unterwegs mit meinem liebsten Avatar,
Erreicht mich unendliche Freude und Spaß.

Auf den Spuren der Maya,
Besteige El Castillo, antike Schätze.
Besuch historische Plätze,
Pyramiden von Gizeh,
In dieser Welt – noch nicht zu spät.

Gaming in der Zukunft,
Großer Plan steht.
Mit Faszination,
Und hoher Qualität.

Eine heiße Versuchung,
Mit Hoffnung froh
In nächste Sphären.
Wird sich so
Das Herz des Gamers
Freudig nähren?

Spielen – in unendlichen Fernen.
Wirds den Menschen bereichern,
Oder doch von sich entfernen?
Chance oder Flucht? –
Das steht noch in den Sternen.

Roboter

Roboter übernehmen meine Arbeit.
Muss keinen Rasen mehr mähen,
Und überhaupt – brauch nicht mehr raus zu gehen.
Schon wieder, vermiss die alte Wahrheit.

Möcht produktiv sein,
Doch versink in Träume, köstlicher Wein.
Keine Reize, keine Motivation,
Meine K.I. – sorgt für monatlichen Lohn.

Wenn die Erde verschwindet

Irgendwann, wird es wohl so sein,
Der Aufbruch, in unbekannte Sphären.
Auf langen, einsamen Reisen,
Weit hinein ins All, wo neue Monde kreisen.

Kann sich unser Geist dort nähren?
Umgeben von Dunkelheit – wird Blau schnell klein.

Wissenschaftler, äußerst versiert,
Haben durchdacht, geringere Flugzeit anvisiert.
Der Plasmamotor mit Erfolg probiert,
Und Zentrifugen installiert.

Die Lösung,
Der Erhalt organischer Funktion,
Durchbruch und Erlösung,
Neue Besiedlung – wohl der Lohn?

Ein neues Kapitel kann beginnen,
Doch jenes bedacht:
Ist die menschliche Psyche,
So sensibel, fein,
Auch für die Weite des Alls gemacht?

Sind wir, dafür schon bereit?
Der Mensch, der noch weiter,
Ins schwarze Ungewisse fliegt –
Und sich dann, in Krämpfen windet?
Er findet sich wieder,
In kompletter Dunkelheit, allein –
Und die Erde, unter ihm, verschwindet.

Im Shuttle

Alles schwarz,
Vereinzelt helle Sterne,
Leuchten stark,
Schau gebannt in die Ferne.

Es rüttelt gewaltig,
Instrumente sind laut.
Die anderen Astronauten völlig vertieft,
Jeder im Element,
Stecken Persönliches zurück,
Die große Mission überwiegt.

Schon zum zweiten Mal,
Rast etwas vorbei,
Ganz schnell, wie ein Schauer,
Und doch koordiniert,
Sicher und klar,
Verunsicherung – keiner weiß, was es war.

Es geht weiter,
Immer wieder – helle,
Sich bewegende Punkte.

Es beginnt Rätseln,
Über Ansätze,
Die keiner glauben mag.
Und aussprechen, das will keiner,
Illusionen – werden dennoch kleiner.

Jetzt.
Helles farbiges Licht.
Eine tiefe Ebene,
Sichtbar im Raum,
Gewaltig groß und gespenstig.

Das muss es sein,
Die Berechnungen stimmen.
Shuttle – konstruiert
Für die Reise durchs Wurmloch,
Und doch –
Hat's noch keiner probiert.

Letzte Blicke getauscht,
Ein letztes Mal noch,
In unseren bekannten Welten,
In der nun, geschätzten Sicherheit,
Macht sich Angst,
Und doch Hoffnung breit.

Eintritt erfolgt, Geschwindigkeit enorm.
Shuttle rast durchs Wurmloch,
Konzentration aufm Höhepunkt,
Erste Ebene durchflogen,
Jetzt. Ein Problem,
Geräte fallen aus, kein Kontakt,
Die zweite Ebe

Kunst

Die Kunst

Kunst schenkt neue Energie,
Hat wohl Kraft und fasziniert.
Doch inwiefern ist auch sie –
In Gesellschaft integriert?

Schwebt umher,
Als einzelnes Proton.
Erreicht den Kern,
Das kann sich lohn'.

Warum liest Du dies,
Und bist Du hier –
Schlummert vielleicht große Kunst in Dir?

Romantische Gedanken,
Ernüchtern leicht und schwanken.
Wer sagt dir schon, schreib ein Gedicht,
Oder lies den Alchimist.

Gibt's jemanden, der Dich vorantreibt –
Oder musst alleine wagen?
Hast du dann, den Mut zu sagen,
Ich bin – und ich verwirkliche mich,
Oder verzweifelst rasch,
An langer Strecke, ohne Licht.

Und überhaupt, was kannst mit Kunst machen?
Kreativität alleine, füllt keine Taschen.
Spielst mit Vision, bedenkst künstlerische Gestaltung,
Andere – sehen nur seichte Unterhaltung

Doch sie hat sich im Konzert verliebt.
Während sanfte Melodie überwiegt,
Wobei jeder im Moment ist –
Und dann jeder liebt.

Denn mit Herz geht Kunst ins Innere,
Beflügelt und steckt an.
Liebe wird weitergetragen,
Durch Harmonie ganz sanft.

Kann sich entfalten, kann beginn'
Kann heilen, ganz geschwind.
Und so, doch jeder Mensch –
An Leben gewinnt'.

Klavierspielen

Ich spür, etwas habe ich –
Ein Gefühl, das sehr warm ist.
Beim Spielen abgetaucht,
Das mag ich: kann ich sagen, passierts wahrlich.
Wenn sich Träume erfüllen –
Schließt der Kreis sich magisch.

Im Konzert

Wirkung lauter Donnerknall,
Gewaltig, intensiv.
Rasen tobend Klänge, verzaubert und verliebt,
Durchströmen Körper, wie noch nie.

Lebender Rhythmus, bebende Beats,
Schwingende Elemente,
Große Intention, belebende Geschenke.

Frei in Mensch durch Seele –
Ach, wenn der Fluss – doch immer wäre.

Nehme auf,
Und gebe weiter.
Gemeinsamer Lauf,
Doch viel weiser.

Zusammen auf einer,
Gleichen Welle.
Reden reiner,
Ohne Hemmschwelle.

Über das, was uns bewegt,
Tief im Herzen regt.
In Seelentiefen, die jeder trägt,
Begegnen wir uns – für uns noch nicht zu spät.

Philosophie

Mitten auf dem Berg

Hab viel gelesen,
Doch bin nicht weise,
Leben lenkt auf eigene Weise.

Aus eigener Hand, auf eigenen Beinen,
Stehe doch auf und zeige,
Die Wirkung in mir und – heile.

Doch der Weg so lang, er hört nie auf.
Ich selbst, vor einer langen Meile,
Auf der ich hoff –
Und doch alleine bleibe.

Gesellschaft, wohl nicht meine,
Hab alles doch probiert –
Mit Muskelkraft und Kopf, forciert.

Doch hier stehe ich und greine,
Niemand ist hier, niemand bei mir.
Ich steh mitten auf dem Berg –
Und ich verweile.

Die Wolke

Die Wolke,
So groß – und doch so sanft,
Schwebt stets froh und elegant,
Als ob sie immer in den Himmel wollte.

Hier bin ich.
Ganz klein und versteckt,
Hab schon wieder jene Wolke entdeckt –
Oder sie mich?

Zeigt sie mir so, wer ich bin,
Als Teil eines größeren Lebens,
Ist das Hoffen nicht vergebens,
Denn so – macht das Ganze Sinn.

Die Zeit

Du kannst sie nicht festhalten,
Sie rast vorbei,
Meist ohne Warnung.

Ab wann kann ich mich entfalten,
Ganz frei,
Mit glücklicher Umarmung.

Der Moment bleibt,
Im Herzen,
Stets präsent.

Im Moment zu sein,
Ohne Schmerzen –
Ein Geschenk.

Wenn schöner Wind weht.
Oft zurückgeblickt,
Erst dann geschätzt.

Besser früh als spät,
Entscheide nun geschickt –
Und leb das Leben jetzt.

Cheslaw im Zug

Cheslaw im Zug,
Gehts so glücklich gut.
Bereist fantastische Städte,
Kennt jede faszinierende Ecke.

Blühend reist durch Welt,
Mit eigener Vision.
Glühend wie ein Held,
Dies sein eigener Lohn.

Den Horizont erweitert er,
Mit seiner neuen Erfahrung.
Stets als eigener Herr,
Da, die erste Warnung.

Wieder Blicke erntet er,
Wieder mal Kontrolle.
Misstrauen gefällt nicht sehr,
Er spielt halt keine Rolle.

Hat alles nun gesehen,
Letzte Fahrt vor großer Ruh.

Ein letztes Mal, natürlich rein,
Da Cheslaw im großen Leben,
Wahrlich kann sein.
Der Schaffner rot, bestimmt das Sein –
Und Cheslaw – hatte niemals auch nur 'nen Fahrschein.

Der eigene Weg

Mehrere Leben, die ich seh,
Viele Wege, die ich geh.
Ungewiss, mit vielen Fragen,
Muss verstrickte Pfade,
Des Lebens nun ertragen.

Wurde es vor uns, denn schon bedacht,
Von den höchsten aller Quellen.
Und jedem doch ein Weg gedacht,
Sich einzureihen wie sanfte Wellen.

Muss wohl nur erkennen und sehn,
Diesen jenen eigenen Pfad,
Wo Glück und Frieden letztlich naht,
Wenn wir dieses auch verstehen.

Die Vorfreude

Was hält das Leben eigentlich noch bereit?
Kann ich mal sagen, das Glück ist mein?

Schaute viel zurück, doch blicke mutig nun nach vorn –
Seh plötzlich viele neue Wege,
Nach denen ich jetzt strebe:
Muss irgendwann mal sagen können,
Dass ich wirklich lebe!

Und wieder hat sich was verändert –
Doch ordne ich ruhig die neue Form –
Geschickt nach meiner eigenen Norm.

Nichts allzu Ernstes

Ausflug ins Weltall

In der Nacht zuvor schon sehr berührt,
Dies kein normaler Tag.
Leben bei Alpha Centauri aufgespürt,
Auserwählte gehn an Start.

Nach ein paar Stationen hier und da,
Einer Übernachtung, auf der Basis Mars,
Sind sie nun soweit klar.

Der Commander selten emotional, ganz rar,
Überprüft die Instrumente, des Shuttles vor dem Start.
Dabei 'ne wissenschaftliche Crew,
Ein richtiges Team, kein Star.

Machs gut Sonnensystem,
Ungewissheit vor dem Kontakt.
Wird man den Blauen je wiedersehen,
Und sind die Außerirdischen – überlegen – im Schach?

Noch ein paar Meilen,
Die Crew schwört sich ein.
Wahrlich historische Reise,
Aber wird da auch Netflix sein?

Laserwaffen im Spind,
Ratschläge von allen Seiten.
Noch schnell ein Tutorial,
Wie den Kampf gegen Aliens man gewinnt,
Können doch nicht, mit Wasserpistolen losreiten.

So viele Planeten schon gesehen,
Doch das ist sicher dieser eine!
Ein Landeplatz, der nun entsteht,
Und google maps – gibt an das Ende jener Reise.

Ankunft.
Trommelwirbel. Ziel erreicht.
Was für ein Ausblick, für eine Landschaft.
Was für eine Energie wir hier haben,
Und eine tolle Mannschaft.

Die Crew, alle noch dabei,
Sichtlich nervös, stellen sich auf Schildkrötenformation ein.
Mit pochendem Herz, doch Brust ganz breit,
Erkennen spät, Angst muss nicht sein.

Einer kommt auf sie zu,
Lächelt, lädt sie sein:
Kaffee und Kirschkuchen schon bereit.

Ein anderer schwebt herbei,
Ganz glücklich, locker und frei,
Er fliegt, total Sci Fi.

Kurwa co to jest, denkt der Commander,
Netter als auf der Erde hier,
Habs gewusst, wir sind nicht allein,
Und höflich fragt der Schwebende:
„Darfs noch was Milch sein?"

Abendessen

Der Tisch schön gedeckt,
Mit edelstem Besteck.
Mutter, Vater und Kind –
Erfreuen sich am feinsten Rind.

Gute Stimmung, Gespräche kommen auf,
Alles sehr gesund, viel Gemüse und Lauch.
Ach Vater, übrigens, hab ein Tinder Match,
Geh heute noch aus, da rutscht es dem Vater raus –
Ach wirklich Sohn, du auch!

Schatzsuche

Das Schiff bereits auf hoher See,
Die Crew sehr heiß,
Der Kapitän, hält die Karte in seinen Händen.

Noch nicht zu spät,
Mit viel Fleiß,
Die Suche erfolgreich zu beenden.

Das Schiff dockt an,
Der Kapitän wittert Inkagold,
Edelsteine und Schwerter.

Einer aus der Crew muss ran,
Und ist ihm das Glück auch hold,
Der Pfad wird immer härter.

Tückische Fallen,
Gefahren von allen Seiten,
Große Rätsel.

Dem Kapitän wirds gefallen,
Sich zu bereichern,
Aufzusteigen, wie in Weeze.

Der Jüngling gibt grünes Licht,
Die Crew rückt nach,
Mit großen Begierden

Alle gedrängt, ganz dicht,
Der Schatz jetzt nah,
Wie das Schaf dem Hirten.

Die Spannung enorm,
Mit Schweiß im Gesicht,
Blicken alle auf den Kapitän.

Es ist so die Norm,
Da nun der Schatz in Sicht,
Muss er die Crew mit Aufgaben versehen.

Der Kapitän hat entschieden,
Will Turner öffnet die Kiste,
Was ist wohl alles dabei.

Bei den Sieben!
Hol mir die Liste,
Da ist für jeden – ein Überraschungsei.

Mozart in der Disco

Mit prächtigem Haar,
Kommt er herein.
Das, was er hörte und sah –
Lud ihn weniger ein.

Schnell an die Bar,
Muss sich durchwuseln.
Wer bist denn du, ein Bier für dich? –
Mein Name Wolfgang, nehm nur die Mozartkugeln.

Ach, die ganze Zeit Elektro,
Ich spür meine Kräfte schwinden!
Im Wiener Hof, gibts nicht so'n Ghetto,
Sollte schnell, den Dirigenten finden.

Berührungen von der Seite,
Da tanzt ihn wer an, ihr Name ist Maike.
Na was machst du so, wollen wir zusammen worken? –
Ich spiel pianoforte,
Und tut mir leid, ich kann nicht twerken.

Macht nichts, bin scharf wie 'ne Chilli,
Können zu mir und ein bisschen bleiben.
Gibts da auch Kunst, einen Da Vinci?
Muss wohl erst meine Zauberflöte – zu Ende schreiben.

Sollen wir auf meinen Roller springen,
Jetzt nach Hause fahren.
Springen, ja richtig, meine Pferde können uns bringen,
Aber wollen nicht lieber, auf den Kutscher warten.

Ach das dauert mir jetzt zu lang,
Komischer Kauz, du und deine Pferde.
Wollte es doch derbe,
Doch redest nur von Kunst und Sternen. Tschüss!

Herr Mozart, nun können fahren,
Musste eben noch, den Sprit bezahlen.
Richtung Residenz bitte, vorher die Therme –
Ob ich sie wohl wiedersehen werde.

Merde.

Instagram Story von Jesus

Er ist wieder da,
Noch niemals so aktiv.
Bei Insta schon ein Star –
Immer beste Fotos, auch ohne Stativ.

Jeden Tag 'ne neue Story,
Neue Meisterklasse.
Gönnt sich sonntags Göttertrank,
Und stets der Erste an der zweiten Kasse.

Follower überall, in steigender Zahl,
Aber nicht mehr auf den Straßen.
Heute zockt er online, nur das eine kleine Mal,
Und zur Abkühlung – übers Wasser latschen.

Jetzt fährt er Wasserski, ganz ohne Equipment,
Und lässts seine Follower wissen.
Ach, und 'nen guten Burger will er auch nicht missen.
Er ist ein Gott auf Insta,
Und die Konkurrenz kann sich verpissen.

Eine neue Story erscheint,
Mit seinen Brudis beim Essen.
Als Wasser zu Wein wird, sind alle ganz breit,
Doch kann sichs auch erlauben –
Mit seinen Storys: steigt der Glauben.
Denn mit Insta –
Versetzt Jesus selbst Ungläubige ins Staunen.

Gott spielt Poker

Am Tisch alle Größen dabei,
Diverse Bücher studiert, Bildung bejaht.
Bond Pokerface funktioniert leicht,
Doch er – hat mindestens die High Card.

Er strengt sich nicht an, spielt locker und cool,
Irgendwas macht er anders.
Taucht auch am weitesten im Pool,
Immer einen Ass im Ärmel, er kann was.

Die Pokerprofis verzweifeln,
Jahrelang trainiert.
Er chillt mit seinem Sohn,
Als wären die Siege garantiert.

Es kommt rüber, als hätte er Heimvorteil,
Spielen sie in seinem Haus?
Die Profis sprechen sich jetzt ab, gehen aus sich raus,
Wechseln untereinander Karten aus.

Doch die Runden dominiert er weiter,
Und heiter, holt sein Blatt heraus,
Es wird Licht –
Erscheint das nächste Full House.

Langsam merken sie was,
Das kann doch nicht sein.
Der Typ spielt wie ein Gott, überkrass,
Und die Profis leiden.

Jetzt stehen sie auf, toben und wüten,
Glauben an einen Trick.
Da merkt er, er muss sein Geheimnis hüten,
Sagt ruhig Blut, ich bin Gott – und ihr dismissed.

Mit der Rikscha nach Spanien

Frisch verliebt, sofort alles im Plane,
Honig im Kaffee, unterstreicht Honeymoon Phase.
Kino, Ausflüge, Konzerte,
Abendessen – romantischer Duft aus der Kerze.

Die Entscheidung ist gefallen,
Schatzi, es geht nach Spanien.
Doch ohne deine Katzis,
Als Snack, Studentenfutter und Kastanien.

Mit dem E-Roller zu weit,
Mit dem Zug kein Bock.
Der Jetpack noch nicht bereit,
Hab mir so viel, aus GTA erhofft.

Der Nachbar ist gütig,
Hat die Lösung ganz zügig.
Auf den Straßen und unter Racern ein großer Star,
Hier, ihr könnt sie haben – die Schlüssel zu meiner Rikscha.

Das Paar ist begeistert, jubelt laut
Überall die Pferdestärken, die man gar nicht braucht.
Doch drehen trotzdem Lil John laut auf,
Need for Speed – der erste Heckspoiler aufs Haus.

Große Herausforderung, der Karawankentunnel.
Das Gefährt hat kein Licht, zum Wenden kein Platz.
Er hat die Idee, klettert beherzt aufs Dach.
Ein wenig wird geschummelt.

Sie übernimmt das Steuer, er ist der Beleuchter,
Beide lieben sich so sehr.
Es funktioniert, bald sind sie schon da,
Doch nun drückt sie einen Knopf,
Es war Nitro und – ab geht die wilde Fahrt.

Aus dem Tunnel kommen sie rausgeschossen,
Mit 300 km/h.
Für sie ein Drag-Sieg, wird begossen,
Urlaub wunderbar.

Spanien jetzt in Sicht,
Die Reise ein Erfolg.
Sie brauchen sich –
Haben den gemeinsamen Weg nicht bereut.

Liebe

Schweben

Wie edelstes Gestein,
Ganz und völlig rein.
Wie Kometenschauer,
Fliegen in die Nacht,
Will schweben auch ganz sacht.
Leicht, mit ewiger Dauer
Und lieben –
Ohne dass ichs bedauer'.

Liebe und Zeit

Drehung im Kreis,
Solange bis man's nicht nur weiß.
Ohne Liebe das Wahre nicht deins.
Jedoch könnte alles sein –
Das immer Wirkende ist reich.

Gefühlsveränderung

Schöner noch, als nur temporäres Glück,
Eine echte Verbindung zu fühlen.
Zusammen im Einklang – das sanfte Leben spüren.
Öffnest dich, kann helfen,
Fortan bewegst dich –
In echten Welten.

Innerlicher Drang

Leben spüren, auch Geben fühlen.
Beim Spiel führen, nach Arbeit in Mühlen.
Gemeinsam genießen, sich vergnügen,
Muss manchmal genügen.
Doch stärker wills spüren, drüben wie hüben,
Glück finden, ohne sich anzulügen.
Und solange innerlich wüten –
Bis der Zauber – den man nicht erwerben kann –
Mit ganzer Pracht und Schönheit,
In mir blüht.

Mysteriöse Frau

Beim Spaziergang bin ich alleine,
Und doch verbunden mit der Umwelt.
Hab grad nicht viele Scheine,
Doch stört mich mehr das Umfeld.

In der Ferne bewegt sich jemand,
Die mysteriöse Frau.
Diesmal mit Gewissheit.
Hab mich verliebt –
Als sie mir in die Augen schaut.

Im Leben begegnet

Ihr Blick, so intensiv,
Ein Mysterium.
Ist zu deuten dies,
Mein Glückskriterium?

Wag mich näher ran,
Gefährliches Spiel.
Bleib ich nimmer dran,
Verliere ich so viel.

Erkenn meine Welt,
Und denk ehrlich.
Nicht immer wie's gefällt,
Nicht immer herrlich.

Sie aber versteht,
Meinen Gedankenfluss.
Schnell belebt,
Ist meine Lebenslust.

Wir beide zusammen,
Milder und weicher,
Auch wilder und reicher,
Mit Erfahrung, so weiser,
Doch geht der gemeinsame Weg –
Ewig so weiter?

Keiner weiß es genau,
Keiner sieht auch weit hinaus.
Geht für mich, auch unabhängig –
Meine Gleichung auf?

Gemeinsam mit dir,
Das Wahre zu fühlen,
Auch wenn dies,
Nur ein kleiner Lichtblick –
Ein Stern im Dunkeln,
Und nicht ewig war.

Haben doch,
Unsere Augen gefunkelt,
Und in dem Moment:
Hat das Leben,
Uns mit Leben beschenkt –
Für uns beide,
Ganz wahr.

Inken

Die Liebe umgarnt mich,
Bin gefangen,
Komm nicht weg.

Du bist mein Dietrich,
Mit roten Wangen,
Hast mich geweckt.

Ich seh die Erde, unsere Welt,
Wie sie lebt, sich bewegt.
Sehe dich, bin bei dir,
Vergesse alles!

Das Einzige was lebt,
Mein Herz –
Wie sehr es sich nun innerlich regt.

Das liegt an dir.

Zusammen sein

Draußen tobt ein Sturm,
Drinnen die Gedanken,
Jetzt sehr froh, Dich zu haben.

Sehe weit, wie aus dem Turm,
Kann mich nur bedanken
Denn Du – mein sicherer Hafen.

Finde im Nebel den Eingang,
Aus sicherer Basis, kann alles probieren,
Was groß erschien, ist nun klein.

Wir beide im Einklang,
Harmonieren –
Und können zusammen sein.

Liebestraum

Wann zuerst dran gedacht,
Zusammen und völlig frei,
Gemeinsame Abenteuer erleben.

Habe schon, über mich selbst gelacht,
Du warst auch dabei,
Das konnte uns viel geben.

Die Liebesträume, drei an der Zahl,
Weckten mich auf,
Mir wurden sie bewusst.

Auf dem Weg zu dir, durch den großen Saal,
Hab dran geglaubt –
Und hätte es sonst nie gewusst.

Die Suche

Neues Kapitel

Noch einmal, mir tief in die Augen schauen.
Noch einmal stärken, das eigene Vertrauen.
Auf was ich kann, besinnen.
In solcher Vielzahl an Wegen,
Die eigene Richtung erkennen – und: danach streben.
Endlich – ich will beginnen.

Kämpfen

Nicht jeder kann sehen, was Du tust,
Nur einige schätzen das, was Du versuchst.
Auf der Bühne sehen viele Deinen Mut,
Doch davor – warst Du niemals gut genug.

Anerkennung beflügelt den Glauben,
Du gehst geschickt deinen eigenen Weg.
Versetzt Dich sogar selbst ins Staunen –
Schau auf die Uhr, noch ists nicht zu spät.

Das Streben

Immer mehr schaffen, stets nach Größerem streben.
In meine Absichten, friedlich und rein,
Investiere ich meine Zeit, ohne Retourenschein.
Hab was aufgebaut, viel gegeben,
Fühl mich aufgebraucht –
Und hab nicht mal angefangen – richtig zu leben.

Loslassen

Das Loslassen, nicht immer leicht,
Mit dem Drang, groß zu werden,
Greift man ständig nach den Sternen,
Solang die Luft noch reicht.

Doch das Loslassen ist oft richtig.
Wird diese Relevanz
Geachtet und auch angewandt,
Strömt Energie wieder frei –
Und gerade das ist wichtig.

Raus gehen

Wie kann ich das, was ich seh,
Auf mein Innerstes übertragen.
Was, wenn's zu spät,
Sollte es doch früher wagen.

Ich möchte aber rausgehen,
Und das Licht, das ich aufnehm,
Mit meiner Umwelt teilen –
Als Mensch leben und so heilen.

Weiter gehen

Wirken und wirken lassen,
Leben, Lieben, auch Loslassen.
Hab was von zuhause mitbekommen,
So schon früh etwas gewonnen.

Träumen, Streben, Machen,
An das Universum glauben,
Auf eigene Stärken sich verlassen.

Immer hoffen,
Auch in dunklen Tagen,
Grade da – doch weiter wagen.

Um zu werden, immer weiter gehen,
Weiter immer lernen –
Blick konstant zu Sternen.

Irgendwann doch belohnt,
Auf dem Weg, sicher nicht geschont.
Leben, neuer Sog –
Wie früher, ganz gewohnt.

Ich sag mir, ich kanns machen,
Ich kanns werden.
Möcht es schaffen,
Will es lernen.
Dabei sein:
Und Leben meistern –
Nach eigenen Sternen.

Gefühl

In einem Moment
Der inneren Ruhe.
Nicht gelenkt
Durch äußere Suche.

Ich, als Mensch
In einer messbaren Welt.
Leb wahrlich nur
Schön, wie's mir gefällt,
Mit Gefühl – in mir –
Zu dir und der echten Welt.

Dank

Ich bedanke mich ganz herzlich bei allen Menschen, die mich bei diesem Projekt unterstützt haben und mit dafür gesorgt haben, dass es wahr wird.

Ein großes Dankeschön gilt meiner Lektorin für die gute Zusammenarbeit. Des Weiteren danke ich Friedhelm, der mir so oft bei künstlerischen Fragen weiter geholfen hat und mir immer mit ehrlichem Rat zur Seite stand.

Darüber hinaus bin ich der wunderbaren Inken zum Dank verpflichtet. Ohne sie und ihre intelligente Art, die Dinge zu sehen, hätte wahrscheinlich viel weniger funktioniert.